Vorwort und Lehrerhinweise

Die folgenden Kopiervorlagen sind für einen fächerübergreifenden Unterricht konzipiert. Es wurde auf eine möglichst gleichgewichtige Verteilung von künstlerisch-bildnerischen und sprachlichen Aufgaben geachtet. Die Kinder können experimentieren und gleichzeitig erfahren, wie vielfältig sie sich mit sprachlichen und bildnerischen Mitteln ausdrücken können.

Heute werden in der Kunst verschiedene Ausdrucksformen miteinander zu Synopsen verknüpft: Malerei, Grafik, Texte, Gedichte, Tanz, Skulptur, Theater und Spiel. Die Sammel-, Gestaltungs- und Bildaufgaben sollen die Kinder zu solchen Vernetzungen anregen. Die Kopiervorlagen motivieren die Kinder, in unterschiedlichen Techniken, Materialien und Aufgabenstellungen bildnerisch tätig zu werden.

Im sprachlichen Bereich bieten die Kopiervorlagen zahlreiche Wortschatzübungen und Rätsel, Anregungen zum Gestalten von Texten, zum freien, kreativen Schreiben, zum genauen, Sinn verstehenden Lesen, bis zum Gedicht und Wortspiel an.

Beim Einstieg in die Bilder aus dem Buch „Tizian geht durch die Wand" (und zu anderen Kunstwerken generell) ergeben sich mindestens drei Möglichkeiten:

Man lässt die Schüler das Bild betrachten und dessen Wirkung erfahren. Gezielte Fragen zu den Gefühlen beim Betrachten des Bildes, zu den Farben, der Anordnung, dem Motiv oder dem Geschehen helfen dem Schüler ein Verständnis für das Kunstwerk zu bekommen. Danach können die Kinder ihr persönliches Erlebnis mit dem Bild in einer Geschichte aufschreiben.

Es gibt auch die umgekehrte Möglichkeit: Man beginnt mit dem (Vor-)Lesen des Bilderlebnisses von Tizian. Anschließend malen die Kinder zum Beispiel das Bild „Sindbad der Seefahrer" – sei es nach dem Originalbild von Paul Klee aus dem Buch oder aus der individuellen Vorstellung. Im letzten Fall betrachten die Kinder das Originalbild erst danach.

Eine weitere Möglichkeit besteht darin, das betreffende Bild in eine spontane Spielszene (ähnlich der ‚Jeux Dramatiques') umzusetzen. Dabei entwickeln die Kinder einen individuellen Spielverlauf nach ihrem eigenen „Drehbuch".

Natürlich gibt es noch viele weitere Möglichkeiten der Bildbetrachtung im Unterricht, die hier nicht aufgeführt sind.

Abenteuer auf hoher See

1 Kreise die Wörter ein, die zu dem Bild „Sindbad der Seefahrer“ von Paul Klee passen.

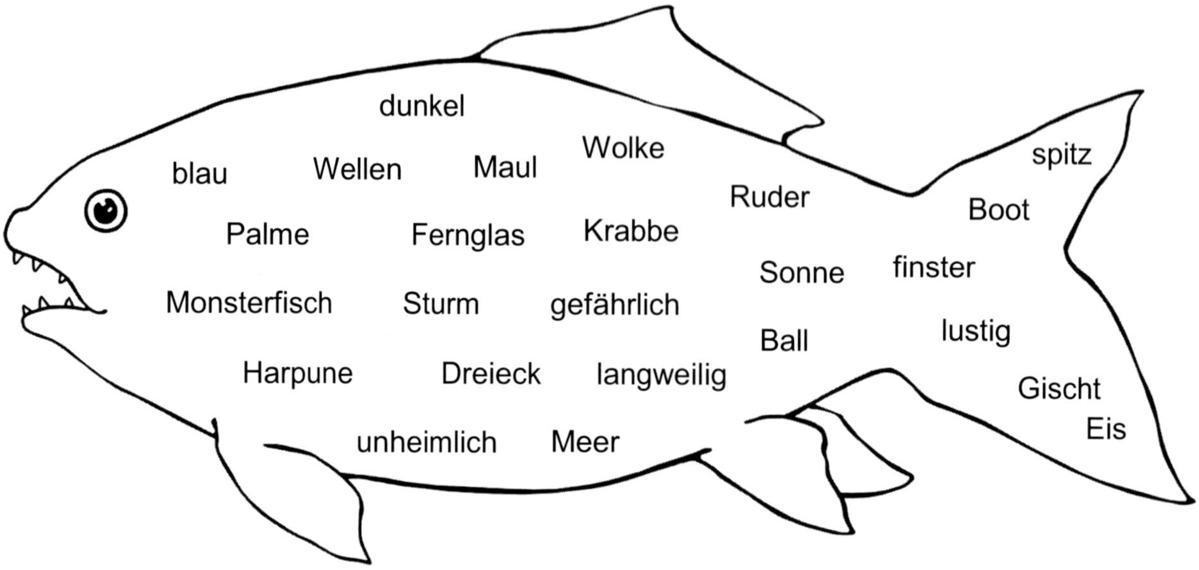

2 Schau dir das Bild an und lies den Text. Hier stimmen nur 5 Sätze. Kreuze an.

- ☐ Der Fischer hat ein Seil in der Hand.
- ☐ Der Fischer ärgert sich über Tizian.
- ☐ Der Fischer hält eine rote Harpune fest in den Händen.
- ☐ Tizian hält sich am Fischer fest.
- ☐ Das Meer ist ruhig.
- ☐ Tizian bindet sich mit dem Seil am Boot fest.
- ☐ Der Monsterfisch ist freundlich.
- ☐ Der Monsterfisch hat nur wenige Zähne.
- ☐ Das Meer ist dunkelblau mit weißer Gischt.
- ☐ Tizian bohrt die Harpune in den Rachen des Fisches.
- ☐ Der Fischer will Tizian wieder zum Fischen mitnehmen.

Autorin: Bettina Rinderle, Au
Illustratorin: Hela Woernle, Hannover

Monsterfische

1 Erfinde Namen für Monsterfische.

bissiger	Zangen-	Hai
giftiger	Fang-	Butt
grüner	Hammer-	Barsch
heulender	Teufel-	Wels
gefährlicher	Monster-	Hecht
feuriger	Säge-	Fisch
gemeiner	Zacken-	Aal

2 Schreibe die Namen deiner Monsterfische auf.

grüner Sägefisch,

3 Zeichne hier – oder auf einem größeren Blatt Papier – deinen Monsterfisch.

Tipp: Du kannst deinen Fisch ausschneiden und mit den anderen Monsterfischen deiner Mitschüler als Collage auf ein großes Blatt Papier kleben.

Autorin: Bettina Rinderle, Au
Illustratorin: Hela Woernle, Hannover

Drucken und Kleben nach Klee

1 Paul Klee malte das Meer in verschiedenen blau-schwarz-grauen Rechtecken.
Er sagte: „Ich male nicht, was in der Welt zu sehen ist, ich male was zum Anschauen!"
Was meinte er damit?

____

____

2 Drucke eine Wasserwelt wie Paul Klee. Das geht so:

1. Zuerst stellst du aus einer sauberen Kartoffel einen Stempel her. Schneide dazu die Seitenflächen der Kartoffel so ab, dass ein Quader entsteht.
2. Streiche mit dem Pinsel Farbe auf eine der Schnittflächen und drucke damit aufs Papier. Nach ein- bis zweimal Drucken musst du die Farbe erneuern.
3. Mische dir verschiedene Blautöne und drucke wie Paul Klee eine Wasserwelt auf dein Papier. Viele Blautöne erhältst du, indem du Schwarz, Grün oder Weiß zum Blau mischst.
4. Ordne die Stempeldrucke in Reihen an. Dabei dürfen sie sich berühren oder sogar etwas überdecken, wenn dir das gefällt.
5. Klee verwendete oft Knallrot als Signalfarbe für ein Objekt im Wasser (z. B.: Harpune, Fische, Seestern). Male einen Fisch oder eine Krake mit knallroter Signalfarbe auf ein anderes Blatt, schneide deine Figur aus und klebe sie in dein Stempelbild.

3 Paul Klee verwendete fast nur spitze Formen und Dreiecke bei den Monsterfischen und beim Schiff. Klebe selbst einen Fisch aus spitzen Formen. Das geht so:

1. Male Papierstreifen in verschiedenen Rottönen oder giftigen Grüntönen an.
2. Zerschneide sie in spitze Schnipsel
3. Klebe sie wie in einem Mosaik auf einem blauen Papier zu einem Monsterfisch zusammen.

Autorin: Bettina Rinderle, Au
Illustratorin: Hela Woernle, Hannover

Begegnung mit Hund

1 Lies das Kapitel „Begegnung mit Hund“. (S. 12-15).

2 Kreuze die richtigen Antworten an.

Wie nennt Tizian den Hund?

☐ Wuffel ☐ Wauzi ☐ Hund ☐ Hugo ☐ Henry

Hund ist

☐ fröhlich. ☐ frech. ☐ dick. ☐ alt. ☐ traurig.

Hund fürchtet sich vor

☐ einem Gewitter. ☐ dem Oberboss Juan. ☐ der Dunkelheit.
☐ Tizian. ☐ der Hundechefin Jana.

Tizian

☐ hat Angst vor dem Hund. ☐ mag den Hund. ☐ versteckt den Hund.
☐ spielt mit dem Hund. ☐ bietet ihm etwas zu Fressen an.

Francisco di Goya ist ein

☐ italienischer ☐ deutscher ☐ spanischer ☐ französischer ☐ irischer Maler.

Goya malte sein Bild in

☐ Rot/Blau. ☐ Schwarz/Weiß. ☐ Gelb/Braun. ☐ Braun/Grün. ☐ bunten Farben.

3 Auf Goyas Bild sieht man nur den Kopf von Hund.
Zeichne ihn so, wie er im Ganzen aussehen könnte.

Autorin: Bettina Rinderle, Au
Illustratorin: Hela Woernle, Hannover

Ein Schablonenbild gestalten

1 Erstelle ein Schablonenbild.
Zeichne deinen Lieblingshund in den Bilderrahmen.

2 Schneide ihn aus und klebe ihn auf ein festes Papier oder auf eine Pappe.

3 Schneide ihn noch einmal aus. Jetzt hast du eine Schablone.

4 Nimm nun ein großes Blatt Papier. Lege die Schablone auf das Papier und umfahre sie.
Du bekommst den Umriss deines Hundes.

5 Führe Aufgabe 4 immer wieder durch. Überlege dir die Anordnung deiner Hunde.
Es gibt verschiedene Möglichkeiten: verstreut über das Papier, in kleinen Gruppen oder Reihen, sich überschneidend. Experimentiere auch ein wenig.

6 Male deine Hunde nun an wie du magst. Vielleicht haben alle schwarze Punkte wie Dalmatiner (eine Hunderasse) oder Streifen wie Zebras oder etwas ganz anderes.

Tipp: Du kannst einen Hund aussparen. Ihn malst du anders an; vielleicht mit roten Punkten (Signalfarbe wie bei Klee) oder mit Karos oder Blümchen. Dadurch fällt er in deinem Bild besonders auf.

Autorin: Bettina Rinderle, Au
Illustratorinnen: Hela Woernle, Hannover; Antje Bohnstedt, Bretten

Ein Erlebnis mit einem Hund aufschreiben

1 Mit welchem Hund möchtest du etwas erleben? Kreuze an.
Du kannst dir auch einen eigenen Hund ausdenken.

☐  ☐  ☐  ☐

______ ______ ______ ______

2 Gib deinem Hund einen Namen. Schreibe ihn unter das Bild.

3 Wie sieht dein Hund aus. Beschreibe ihn.

Fellfarbe: ______

Größe: ______

Körper: ______

Ohren: ______

Besonderheiten: ______

4 Wie verhält sich dein Hund?

☐ freundlich ☐ frech ☐ wild ☐ ungehorsam ☐ ruhig

☐ ______

5 Woher kennst du den Hund?

☐ mein Hund ☐ ist mir zugelaufen ☐ gehört meiner Oma ☐ gehört meinem Freund

☐ ______

6 Was kann dein Hund Besonderes?

☐ Kunststücke ☐ bewachen ☐ sprechen ☐ zaubern ☐ fliegen

☐ ______

7 Was könntest du mit dem Hund erleben?
Denke dir eine Geschichte aus und schreibe sie in dein Heft.

Autorin: Bettina Rinderle, Au
Illustratorin: Hela Woernle, Hannover

Weg ins Museum

1 Finde Tizians Weg ins Museum.

2 Zeichne dein eigenes Labyrinth. Das geht so:

1. Setze den angefangenen Weg zum Ziel fort. Lasse dabei Lücken in den Mauern für die irreführenden Wege. Zeichne zuerst mit dem Bleistift, damit du korrigieren kannst.
2. Zeichne nun die Nebenwege, die alle ins Nichts führen. Mache das so lange, bis nichts mehr ins Bild passt.
3. Kontrolliere den richtigen Weg noch einmal und fahre dann die Linien mit einem schwarzen Stift nach.
4. Tausche mit deinem Nachbarn und finde den Weg durch sein Labyrinth.

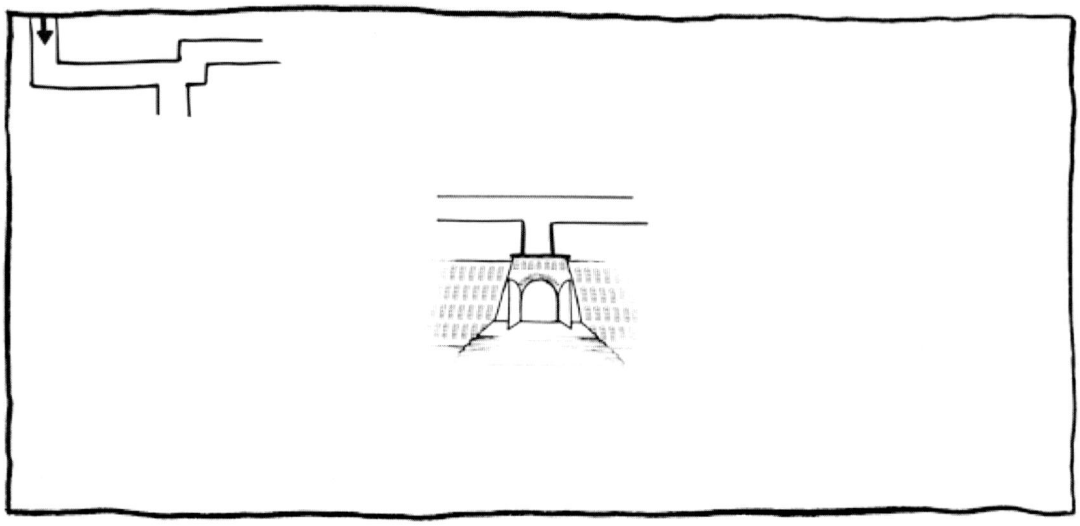

Autorin: Bettina Rinderle, Au
Illustratorin: Antje Bohnstedt, Bretten

Tizian und Franka 1

1 Zeichne Tizian und kreuze an.

	ja	nein
Er ist groß.	☐	☐
Er ist schüchtern.	☐	☐
Er ist frech.	☐	☐
Er ist still.	☐	☐
Er ist gemein.	☐	☐
Er hält meist den Kopf gesenkt.	☐	☐

Tizians Vater ist

☐ Museumsdirektor. ☐ Museumsdetektiv. ☐ Museumswärter.

2 Zeichne Franka und kreuze an.

	ja	nein
Franka verpetzt Tizian.	☐	☐
Sie lächelt Tizian oft zu.	☐	☐
Sie macht Tizian Mut.	☐	☐
Sie hat immer Zeit bis drei Uhr.	☐	☐
Sie will Tizians Geheimnis entdecken.	☐	☐
Sie mag auch Kevin sehr gerne.	☐	☐

Franka hat eine Katze mit dem Namen

☐ Purpur. ☐ Pumpernickel. ☐ Pampelmuse.

Autorin: Bettina Rinderle, Au
Illustratorin: Hela Woernle, Hannover

Tizian und Franka 2

1 Male gelb aus, was auf Tizian zutrifft und blau, was zu Franka passt.

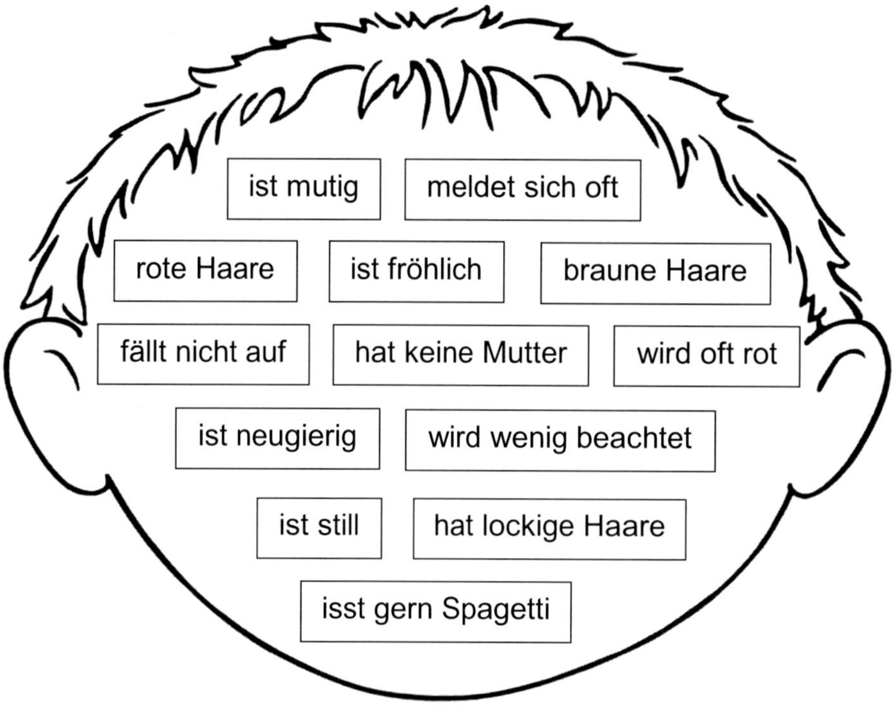

2 Schreibe die Aussagen von Aufgabe 1 geordnet auf.

Das passt zu Tizian:

Das passt zu Franka:

Autorin: Bettina Rinderle, Au
Illustratorin: Hela Woernle, Hannover

Zu Besuch bei den Mombills

1 Lies das Kapitel „Zu Besuch bei den Mombills“ (S. 19-28).

2 Stimmen die Sätze? Kreuze an.

		ja	nein
Franka besucht mit Tizian das Museum.	R	☐	☐
Sie fliegen in ein dunkelgrünes Bild.	B	☐	☐
Sie entdecken lauter schwebende Fahrzeuge.	E	☐	☐
Eines sieht aus wie ein Schaf mit Flügeln.	N	☐	☐
Sie halten sich an einem Fluginsekt fest.	I	☐	☐
Das Fluginsekt heißt „Spinner-Spook-Zwölf“.	E	☐	☐
Es hat rote Punkte auf dem Kopf und grüne Antennen.	T	☐	☐
Das Fluginsekt gehört zu den Mombills.	S	☐	☐
Sie müssen vor den Quirks flüchten.	I	☐	☐
Ihre Verfolger sind giftige Allesfresser.	E	☐	☐

Die Buchstaben der richtigen Sätze ergeben ein Lösungswort: ___ ___ ___ ___ ___

3 Bist du schon einmal mit einem Flugzeug geflogen?
Wie war das für dich oder wie stellst du es dir vor?

____

____

____

____

4 Eines Tages werden nicht nur Astronauten zum Mond oder den Planeten fliegen, sondern auch ganz normale Passagiere. Würdest du gerne einer von ihnen sein? Begründe.

____

____

Autorin: Bettina Rinderle, Au

Formen, Farben und Namen 1

1 Auf Kandinskys Bild „Himmelblau“ (S. 24) schweben Wesen, die fast wie Tierfiguren aussehen in der Luft. Schau dir das Bild an. Erkennst du eine Schildkröte oder eine Qualle oder Spinner-Spook-Dreizehn? Tausche dich mit deinem Nachbarn aus.

2 Hier sind ähnliche Figuren wie auf Kandinskys Bild abgebildet. Male sie bunt an.

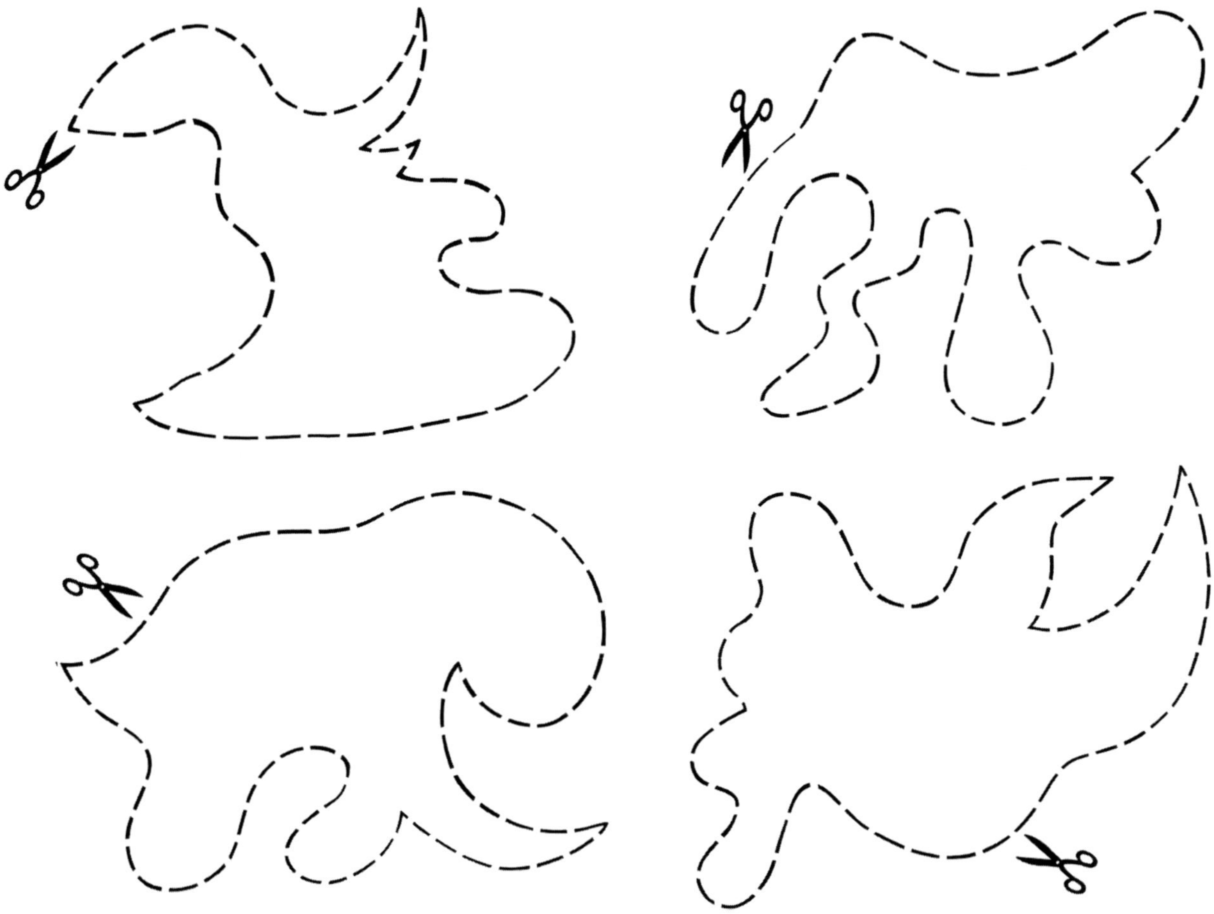

3 Nimm einen Bogen himmelblaues Tonpapier oder male ein Zeichenblatt mit himmelblauer Farbe an. Schneide die Formen aus und klebe sie auf dein blaues Papier.

Tipp: Diese Aufgabe kannst du auch mit einem Partner machen.

4 Ordne deinen Figuren die folgenden Namen zu:

Zakita	Moleno	Bell	Runita

.

Autorin: Bettina Rinderle, Au
Illustratorinnen: Hela Woernle, Hannover; Antje Bohnstedt, Bretten

Formen, Farben und Namen 2

1 Hier findest du noch andere interessante Formen.
Gib ihnen Namen aus deiner Fantasie und male sie an.

______________ ______________ ______________

2 Finde zu den folgenden Namen passende Formen. Zeichne sie.

Glupsch

Fitzicki

Molawone

Pomm

Tipp: Du kannst die Figuren auf diesem Blatt ausschneiden und zu den anderen auf dem blauen Papier kleben.

Autorin: Bettina Rinderle, Au
Illustratorinnen: Hela Woernle, Hannover; Antje Bohnstedt, Bretten

Sprachspiele mit „Himmelblau“

1 Himmelblau ist blau wie der Himmel. Finde zusammengesetzte Farbnamen.

Wolken-	Radieschen-	Dotter-
Frosch-	Schnee-	Sonnen-
Tomaten-	Gold-	Rosen-
Moos-	Petersilien-	Watte -

-rot
-grün
-weiß
-gelb

rot: ______________________________

____

weiß: ______________________________

____

grün: ______________________________

____

gelb: ______________________________

____

2 Finde zu jeder Farbe ein eigenes Beispiel und schreibe es dazu.

3 Findest du ähnliche Farbnamen für „schwarz“?

____

4 Gibt es das? Nein! Hier ist irgendwas schief gegangen.
Schreibe passendere Farbnamen zu den Nomen.

ein himmelgrünes Weltall – ein ______________ Weltall

ein grasrotes Weltrauminsekt – ein ______________ Weltrauminsekt

ein blutweißes Raumfahrzeug – ein ______________ Raumfahrzeug

ein erdbeerbrauner Quord – ein ______________ Quord

Autorin: Bettina Rinderle, Au
Illustratorin: Antje Bohnstedt, Bretten

Im Dschungel bei den Bunten

1 Male die Wörter an, die zu dem Bild „Urwaldlandschaft mit untergehender Sonne“ von Henri Rousseau (S. 30/31) passen.

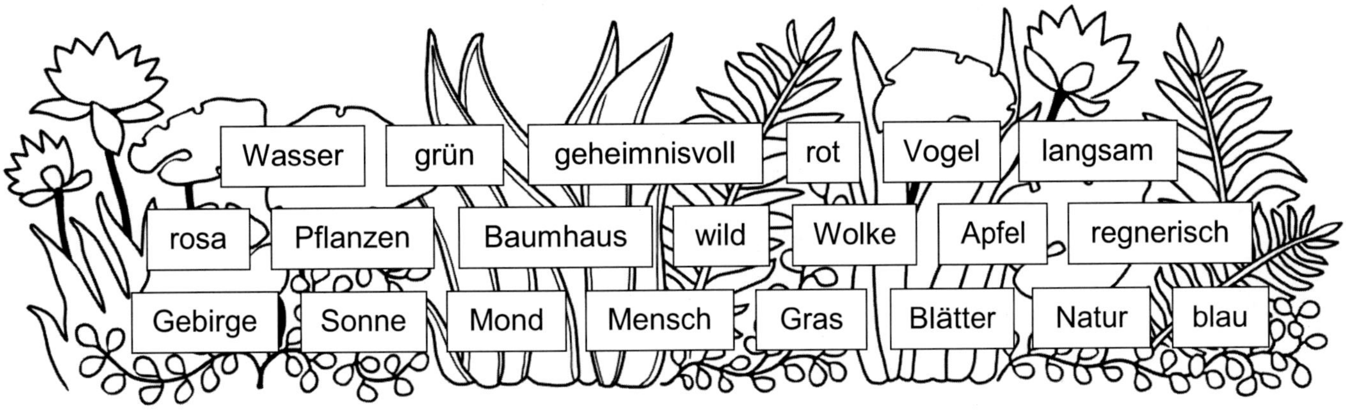

2 Lies das Kapitel „Im Dschungel bei den Bunten“ (S. 29-36).

3 Beantworte die Fragen.

Worum bitten Tizian und Hund die Bunten?

____

Was trinken die Bunten?

____

Was geschieht nach dem Trinken mit Tizian und Hund?

____

____

Was meinen die Bunten mit dem „silbernen Band“?

____

Wodurch werden Tizian und Hund von ihrem gepunkteten Aussehen erlöst?

____

____

Autorin: Bettina Rinderle, Au
Illustratorin: Hela Woernle, Hannover

Was alles so wächst – Pflanzen erfinden

Rousseau hat in seinem Urwaldbild allerlei Blüten und Pflanzen dargestellt – erfinde und gestalte deine eigenen Pflanzen.

1 Nimm verschiedene Stifte und setze die Pflanzenformen in den Reihen fort.

2 Erfinde eigene Blätterformen wie in Aufgabe 1.

Autorin: Bettina Rinderle, Au
Illustratorin: Hela Woernle, Hannover

Gedanken-Experiment

1 Betrachte nochmals das Bild „Urwaldlandschaft mit untergehender Sonne“ von Henri Rousseau (S. 30/31). Wie würdest du dich in diesem Urwald fühlen?

____

2 Gäbe es etwas, wovor du dich fürchten würdest?

____

3 Du würdest vielleicht gar nicht die Bunten treffen, sondern Tiere, andere ulkige Wesen oder Monster? Erzähle.

____

____

____

____

4 Du siehst noch andere Wunderblüten im Bild. Was könnten sie mit dir machen? Welche Zauberkraft hätten sie?

____

____

____

____

5 Welchen Gegenzauber würdest du anwenden, um den Urwald wieder „normal“ zu verlassen?

____

____

____

6 Schreibe dein Urwald-Abenteuer auf.

Autorin: Bettina Rinderle, Au

Malen und Gestalten wie Rousseau

1 Gestalte eine Urwald-Collage.

1. Mische unterschiedliche Grüntöne mit deinen Deckfarben. Teile ein Blatt Papier in dicke Streifen ein und male sie mit den Grüntönen an.
2. Schneide aus den einzelnen Papierstreifen verschiedene Blattformen aus. Du kannst dir auch eine Schablone dazu machen.
3. Suche dir einen Partner und klebt nun eure Blätter zu einem Blätterwald auf ein großes Papier. Klebt sie so dicht, dass fast kein Weiß mehr zu sehen ist.

Tipp 1: Ihr könnt auch eine Eidechse oder einen Käfer ausschneiden und in dem Blätterbild „verstecken".
Tipp 2: Ihr könnt Tiere oder Pflanzen auch in Signalfarben zeichnen oder ausschneiden und in das Bild einfügen. So hat das – wie ihr schon wisst – Paul Klee gemacht.

2 Gestaltet ein gemeinsames Urwaldbild.

1. Findet euch zu einer Vierergruppe zusammen. Jeder von euch braucht Wachsmalstifte oder Ölkreiden.
2. Setzt euch um ein großes Blatt Papier herum – jeder sitzt an einer Ecke. Keiner darf sprechen. Jeder beginnt nun an seiner Ecke, den Urwald zu gestalten. In der Mitte bleibt ein Kreis frei.
3. Irgendwo trefft ihr zusammen und einigt euch ohne Worte, wie ihr den Übergang zu eurem Nachbarn malen wollt.
4. Für das Mittelfeld dürft ihr sprechen, euch beraten und beschließen, was am besten hinein passt.

Autorin: Bettina Rinderle, Au
Illustratorinnen: Hela Woernle, Hannover; Antje Bohnstedt, Bretten

Gefangen auf dem Riesenfelsen

1 Lies das Kapitel „Gefangen auf dem Riesenfelsen“ (S. 37-47).

2 Schreibe die angefangenen Sätze zu Ende.

In der Geschichte lebt Tizian in einem Schloss auf einem Riesenfelsen. Mit ihm

leben dort noch ______________________________

____

Sein Vater schreibt ______________________________ und seine Mutter

verdient Geld, indem sie ______________________________

Da sie nicht einkaufen gehen können, kommt ______________________________

____

Tizians sehnlichster Wunsch ist ______________________________

____

Für seine Flucht baut er zuerst ______________________________

____

Danach versucht er es mit ______________________________

____

Erst beim 3. Mal hat er Erfolg mit ______________________________

____

3 Nur drei Aussagen stimmen. Kreuze an.

- ☐ Tizians Eltern beobachten ihn bei seinem ersten Flugversuch.
- ☐ Beim zweiten Flugversuch verstaucht sich Tizian die Hand.
- ☐ Tizian hat viel Geduld beim Basteln seiner Flugobjekte.
- ☐ In der Nacht vor seinem dritten Flugversuch träumt Tizian von schwarzen Raben.
- ☐ Tizian hat nicht damit gerechnet, dass der ganze Felsen mit ihm fliegt.

Autorin: Bettina Rinderle, Au

Eine eigene Geschichte vom Riesenfelsen schreiben

1 Stell dir vor, du würdest in dem Schloss auf dem Riesenfelsen leben.
Wer lebt mit dir auf dem Schloss?

☐ Vater ☐ Mutter ☐ Bruder ☐ Schwester ☐ Oma ☐ Opa
☐ ______________________________

2 Wie fühlst du dich auf dem Schloss?

____

3 Wie kommst du von dem Schloss weg?

☐ Ich lerne selbst fliegen. ☐ Ich lerne schwimmen. ☐ Ich lerne zaubern.
☐ ______________________________

4 Wie lange brauchst du, bis deine „Flucht" funktioniert?

☐ Zwei Versuche. ☐ Unzählige Versuche.
☐ Alles funktioniert sofort, weil ______________________________

____

☐ ______________________________

5 Wo landest du nach deiner „Flucht"?

☐ Auf dem Festland und zwar in ______________________________
☐ ______________________________

6 Was geschieht mit dem verlassenen Felsen?

____

____

7 Erzähle deine eigene Geschichte vom fliegenden Felsen. Schreibe sie in dein Heft.

Autorin: Bettina Rinderle, Au

Rätselbilder 1

Magritte ist ein Maler, der uns in seinen Bildern Rätsel aufgibt. Welche Gedanken will er mit dem fliegenden Felsen und dem Schloss bei uns wecken? Durch seine Experimente mit dem Ungewohnten stellt er in Frage, was wahr ist. Wir können seine Rätselbilder nicht eindeutig lösen, weil es nicht nur eine einzige richtige Deutung gibt!
Ein bekanntes Rätselbild von Magritte zeigt eine Straße mit einer Häuserfassade.
Es regnet. Aber statt Regentropfen lässt Magritte lauter kleine Männer in dunklen Anzügen regnen...

1 Zeichne in den Bilderrahmen eine Straße über der Bodenlinie und daran entlang lauter Häuser.

2 Lass es nun vom oberen Bildrand auf die Dächer und die Straße regnen. Was, das kannst du entscheiden.

Autorin: Bettina Rinderle, Au
Illustratorinnen: Antje Bohnstedt, Bretten; Hela Woernle, Hannover

Rätselbilder 2

1 Magritte malte noch viele andere Rätselbilder. Experimentiere auch.
Zeichne deine Rätselbilder in die unteren Kästchen.

Was könntest du auf einem Apfelbaum statt Äpfeln wachsen lassen? Gummistiefel oder Plastikeimer oder Wasserflaschen.

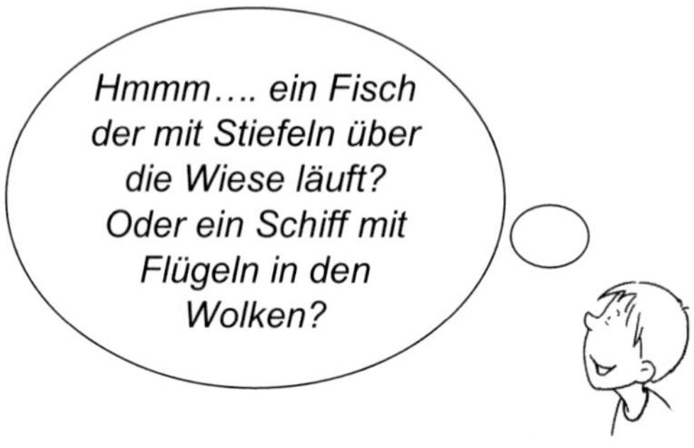

Autorin: Bettina Rinderle, Au
Illustratorinnen: Hela Woernle, Hannover; Antje Bohnstedt, Bretten

Namenstausch

Magritte malte Gegenstände. Darunter schrieb er aber andere Bezeichnungen.
Hier ein Beispiel:

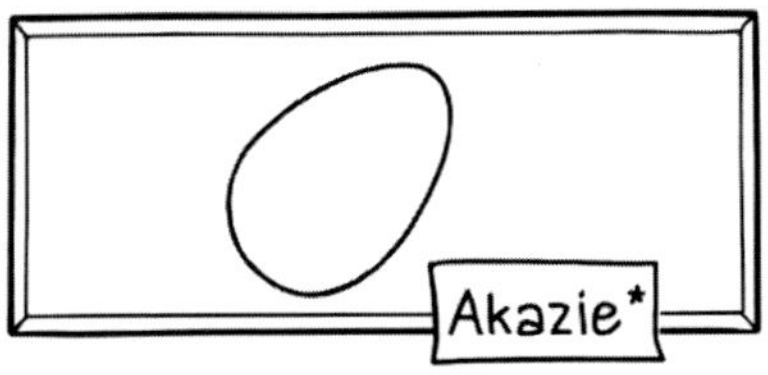

Er meinte, die Namen, die wir den Dingen gegeben haben, müssten nicht so bleiben.
Die Dinge könnten durchaus anders heißen. Warum auch nicht?

1 Lies den Text.

Mimi und Konrad machen ein Magritte-Spiel.
„Wir wollen den Dingen einmal andere Namen geben!“, meint Mimi.
„Wir können statt ‚Nase’ doch ‚Rübe’ sagen“, schlägt Konrad vor.
„Und statt ‚Haare’ sagen wir einfach ‚Pilze’“, ergänzt Mimi.
„Und für ‚Schulranzen’ nehmen wir – hmm – ‚Schaukelstuhl’?“, fragt Konrad.
„Nun fehlt nur noch ‚Schule’. Sollen wir sie ‚Badewanne’ nennen?“ Mimi kichert.
Jetzt haben die Kinder eine Rübe im Gesicht, Pilze auf dem Kopf,
einen Schaukelstuhl auf dem Rücken und gehen jeden Morgen in die Badewanne.
Bei dieser Vorstellung müssen Mimi und Konrad lachen.

2 Zeichne verschiedene Dinge in die Kästchen und gib ihnen wie Mimi und Konrad andere Namen. Tausche dich danach mit deinem Partner aus.

______________ ______________ ______________

3 Spielt nun mit euren eigenen Rätseln ein Magritte-Spiel wie Mimi und Konrad.

* Das ist eine Baumart.

Autorin: Bettina Rinderle, Au
Illustratorin: Hela Woernle, Hannover

Klassenausflug zum Museum

1 Warum macht deiner Meinung nach die Klasse einen Ausflug ins Museum?

___

___

2 Was ist ein „Unikat“?

___

3 Wodurch wird Kevins Interesse an dem Museum geweckt?

___

___

4 Betrachte das Bild „Kinderspiele“ von Pieter Bruegel d. Ä. (S. 54/55) Er hat es vor fast 500 Jahren gemalt und mehr als 80 Spiele seiner Zeit dargestellt. Findest du Spiele, die du in unserer heutigen Zeit noch spielst? Schreibe sie auf.

___

___

___

5 Gibt es ein Spiel, das man heute nicht mehr spielen würde? Beschreibe es.

___

___

___

6 Worin unterscheidet sich die Kleidung der Kinder von damals zu deiner heute?

___

___

___

Autorin: Bettina Rinderle, Au

Malen und gestalten wie Bruegel

1 Zeichne einen Spielort von heute, z. B. einen Spielplatz oder eine Wiese...

2 Zeichne Geräte hinein, z. B. ein Fußballtor, eine Rutsche, eine Sandkiste ...

3 Nun fügst du spielende Kinder hinzu. Überlege dir zuerst, was die Kinder spielen und wo sie sich befinden. Drücke nun deinen Daumen in die angefeuchtete Farbe in deinem Farbkasten und danach aufs Papier.

4 Der Daumen ist der Körper deiner Kinder. Mit dem Stift malst du ihnen ein Gesicht, Strich-Arme und Strich-Beine. Du kannst auch Spielzeug hinzufügen.

Autorin: Bettina Rinderle, Au
Illustratorin: Hela Woernle, Hannover

Rätsel zu den Interviews 1

1 Lies das Interview mit Paul Klee. Kreuze die richtigen Antworten an.

Wie alt war **Paul Klee**, als er sein erstes richtiges Bild malte?

☐ 3 Jahre ☐ 4 Jahre ☐ 5 Jahre ☐ 4 Monate

Wie viele Bilder malte er im Jahr 1932 ungefähr?

☐ 1302 Bilder ☐ 1253 Bilder ☐ 1089 Bilder ☐ 1263 Bilder

Wie nannte er das Bild, das Tizian im Museum anschaute?

☐ „Sindbad der Seefahrer“ ☐ „Ali Baba“ ☐ „Der Seeräuber“ ☐ „Monsterfische“

2 Lies das Interview mit **Francisco di Goya**. Kreuze die richtigen Antworten an.

Goya arbeitete zuerst in einer

☐ Tabakfirma. ☐ Tankstelle. ☐ Tapetenfirma. ☐ Teppichfirma.

Goya malte den spanischen König wie er war, nämlich:

☐ lustig. ☐ traurig. ☐ hässlich. ☐ hungrig.

Goya war als alter Mann

☐ blind. ☐ taub. ☐ lahm. ☐ vergesslich.

Goya nannte seinen Hund

☐ Ferrero. ☐ Espagna. ☐ Perrit. ☐ El Perro.

3 Lies das Interview mit **Wassily Kandinsky**. Kreuze die richtigen Antworten an.

Kandinsky konnte Farben

☐ hören. ☐ schmecken. ☐ riechen. ☐ fühlen.

Die Farbe Blau war für ihn ein

☐ Dreieck. ☐ Quadrat. ☐ Kreis. ☐ Würfel.

Seine Malerei war

☐ altmodisch. ☐ angeberisch. ☐ angsteinflößend. ☐ abstrakt.

Sein Bild nannte er

☐ „Rosarot“. ☐ „Zitronengelb“. ☐ „Himmelblau“. ☐ „Ozeanblau“.

Autorin: Bettina Rinderle, Au

Rätsel zu den Interviews 2

1 Lies das Interview mit **Henri Rousseau**. Kreuze die richtigen Antworten an.

Rousseau arbeitete, bevor er Maler wurde,

☐ bei der Polizei. ☐ beim Finanzamt. ☐ bei der Feuerwehr. ☐ als Frisör.

Er übte das Malen

☐ in der Schule. ☐ in einer Werkstatt. ☐ im Louvre Museum. ☐ im Freien.

Seine Malerei nannte man

☐ kleine Malerei. ☐ naive Malerei. ☐ kühne Malerei. ☐ neue Malerei.

---

2 Lies das Interview mit **René Magritte**. Kreuze die richtigen Antworten an.

Magritte malte normalerweise

☐ im Büro. ☐ im Museum. ☐ im Atelier. ☐ in der Küche.

Er hatte sein ganzes Leben lang einen Hund, nämlich

☐ einen Pudel. ☐ einen Dackel. ☐ einen Spitz. ☐ einen Dalmatiner.

Magritte war ein

☐ Traum-Maler. ☐ Wirklichkeitsmaler. ☐ abstrakter Maler. ☐ Surrealist.

Er nannte einmal das Bild von einem Hut

☐ Mond. ☐ Akazie. ☐ Schnee. ☐ Wiese.

---

3 Lies das Interview mit **Pieter Bruegel d. Ä.**. Kreuze die richtigen Antworten an.

Bei Pieter Bruegel bedeutet „d. Ä.“:

☐ der Äpfelesser ☐ der Ärgerliche ☐ der Ältere ☐ der Ängstliche

Er lernte bei einem Meister in

☐ Athen. ☐ Antwerpen. ☐ Amsterdam. ☐ Aachen.

Wer hatte zu seiner Zeit die Buchdruckkunst erfunden?

☐ Kopernikus ☐ Gutenberg ☐ Columbus ☐ Einstein

Er malte außer den „Kinderspielen“ noch:

☐ „Die Schatzinsel“ ☐ „Das Traumland“ ☐ „Das Schlaraffenland“ ☐ „Das Boot“

Autorin: Bettina Rinderle, Au

Fragen zum ganzen Buch

1 Tizian hat eine besondere Fähigkeit bei sich entdeckt, die man als Zauberkraft bezeichnen könnte. Was kann er Besonderes?

____

2 Warum wird Tizian am Anfang von der Klasse gar nicht bemerkt?

____

____

3 Auf einmal hat Tizian einen Feind. Wer ist das und warum?

____

____

____

4 Zwei Kinder verändern sich im Laufe der Geschichte. Welche?
Wie sind sie am Anfang und wie am Schluss?

____

____

____

____

5 Wenn es eine Fortsetzung zu „Tizian" geben würde, welche würde dir gefallen? Begründe!

- ☐ Tizian und Franka lernen, auch in Geschichten zu verschwinden...
- ☐ In „Tizians" Museum gibt es plötzlich einen „Unsichtbaren". Er malt in die einmaligen Kunstwerke etwas hinein und zerstört sie...
- ☐ ______________________________

____

Autorin: Bettina Rinderle, Au

Suchspiele

1 Bastle dir zuerst ein Sehfenster. Das geht ganz einfach:

1. Schneide das Sehfenster entlang der gestrichelten Linie aus.
2. Klebe es auf festes Papier oder Pappe und schneide es noch einmal aus.

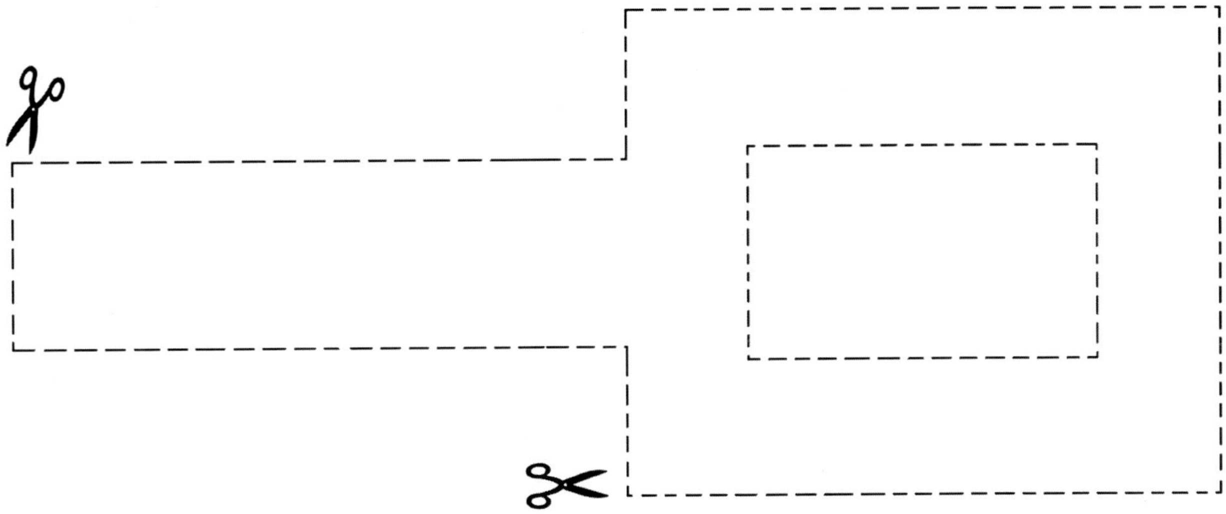

2 Spiele das Suchspiel.

1. Verbinde deinem Partner die Augen oder lass ihn mit dem Rücken zu dir sitzen.
2. Suche dir zuerst ein Bild aus. Wähle dann mit deinem Sehfenster einen Ausschnitt im Bild aus, der dir besonders interessant erscheint.
3. Beschreibe deinem Partner nun sehr genau, was du siehst: die Farben, die Personen, die Tätigkeit …
4. Zeige deinem Partner dein Bild und gib ihm dein Sehfenster. Er muss nun den Ausschnitt finden, den du eben beschrieben hast.
5. Wenn er es erraten hat, tauscht ihr die Rollen.

Tipp 1: Dieses Sehfenster-Spiel kannst du mit fast allen Bildern im Buch spielen, nur bei „Hund“ und beim „Pyrenäenschloss“ wird es schwierig, weil es nicht so viele Einzelheiten gibt. Beim Urwaldbild von Rousseau musst du besonders sorgfältig beschreiben, weil das Bild fast nur aus Pflanzen besteht.

Tipp 2: Das Sehfenster kannst du auch beim Text verwenden, wenn dir ein Wort in einer Zeile besonders interessant, ungewöhnlich oder einfach nur schön erscheint. Deinen Partner darfst du aber nicht auf der ganzen Seite suchen lassen, gib ihm den Abschnitt, z. B. Zeile 9-14, oder die Zeile bekannt.

Autorin: Bettina Rinderle, Au
Illustratorinnen: Hela Woernle, Hannover; Antje Bohnstedt, Bretten

Ein Buchcover gestalten

Der Autor eines Buches und der Verlag machen sich meistens sehr viele Gedanken um den passenden Titel und um die Gestaltung der Titelseite. Spannend soll es sein oder lustig, auf jeden Fall interessant. Titel und Bild sollen den Leser auch neugierig machen.

1 Welchen Titel hättest du statt „Tizian geht durch die Wand" gewählt?
Finde weitere Möglichkeiten.

____

____

____

____

2 Überlege dir nun ein passendes Bild zu zwei deiner Titel. Zeichne das Cover – so nennt man die Titelseite mit Bild und Titel – auf die Bücher unten.

Autorin: Bettina Rinderle, Au
Illustratorin: Hela Woernle, Hannover

Tizian – ein großer Maler

1 Tizian gab es wirklich. Wusstest du das?
Fülle den Lückentext richtig aus, dann erfährst du mehr über Tizian.

Seidenstoff	Meister	1511	neun	Gemälde	Kleidung
Ticiano Vecellio	signierte	Venedig	Pest	Werkstatt	

Tizian – eigentlich hieß er ______________________________ –

wurde vermutlich 1480 in ______________________ geboren.

Er gilt als ______________________ der venezianischen Malerei.

Schon mit ______________________ Jahren wurde er zum Maler

ausgebildet. 1513 eröffnete er seine erste ______________________

und wurde europaweit ein gefeierter Künstler.

1576 starb er mit fast hundert Jahren an der ______________________

Er hatte insgesamt über 600 große ______________________

geschaffen. Er ______________________ seine Werke

mit seinem Namen: TICIANUS F. Diese Signatur arbeitete er meistens in die

______________________ der dargestellten Personen ein.

Das „Bildnis eines jungen Mannes“ malte er im Jahr ________________.

Es ist heute in der National Gallery in London zu sehen. Wenn man davor steht, meint

man, den feinen, blauen ______________________, aus dem die Kleidung

des Mannes genäht ist, fühlen zu können.

Autorin: Bettina Rinderle, Au

Lösungen und Wissenswertes

Lösungen:

KV 1 Aufgabe 1: Wellen, dunkel, blau, spitz, Boot, Monsterfisch, Harpune, Sturm, gefährlich, finster, Gischt, Meer, unheimlich, Dreieck, Maul
Aufgabe 2: Richtige Sätze: Der Fischer hält eine rote Harpune fest in den Händen. Tizian bindet sich mit dem Seil am Boot fest. Das Meer ist dunkelblau mit weißer Gischt. Tizian bohrt die Harpune in den Rachen des Fisches. Der Fischer will Tizian wieder zum Fischen mitnehmen.
KV 3 Aufgabe 1: *(Mögliche Antwort:)* Er meinte damit, dass er die Welt nicht gleich einem Foto malte. Vielmehr soll der Betrachter staunen über Farben, Formen, fantastische Wesen und ein Meer, das aus lauter Vierecken zusammengesetzt ist.
KV 4 Aufgabe 1: Hund, traurig, Oberboss Juan, mag den Hund, spanischer Maler, Gelb/Braun
KV 8 Aufgabe 1: Richtige Sätze: Er ist schüchtern. Er ist still. Er hält meist den Kopf gesenkt. Tizians Vater ist Museumswärter.
Aufgabe 2: Richtige Sätze: Sie lächelt Tizian oft zu. Sie macht Tizian Mut. Sie will Tizians Geheimnis entdecken. Franka hat eine Katze mit dem Namen Pumpernickel.
KV 9 Aufgabe 1 und 2: Das passt zu Tizian: rote Haare, hat keine Mutter, wird oft rot, fällt nicht ~~auf, ist~~ still, wird wenig beachtet, isst gern Spagetti
Das passt zu Franka: ist mutig, meldet sich oft, ist fröhlich, braune Haare, ist neugierig, hat lockige Haare
KV 10 Aufgabe 2: Lösungswort: REISE
KV 14 Aufgabe 1: geheimnisvoll, grün, rot, Pflanzen, wild, Sonne, Mensch, Blätter, Natur, Gras
Aufgabe 3: Sie bitten sie um etwas zu trinken./Die Bunten trinken Blütenwasser./Sie verwandeln sich und sehen nun aus wie die Bunten./Die Bunten meinen damit den Fluss./ Tizian und Hund werden durch das Wasser des Flusses von ihrem gepunkteten Aussehen erlöst.
KV18 Aufgabe 2: Ungefähre Satzenden, wie sie nacheinander eingefügt werden sollten:
...seine Eltern und seine Schwester, ...Kriminalromane, ...Bilder malt, ...einmal in der Woche ein Hubschrauber, ...Freunde zu haben und von der Felseninsel weg zu kommen, ...einen Drachen, ...einen Fallschirm, ...dem Luftmobil „Lumobi"
Aufgabe 3: Richtige Sätze: Tizians Eltern beobachten ihn bei seinem ersten Flugversuch. Tizian hat viel Geduld beim Basteln seiner Flugobjekte. Tizian hat nicht damit gerechnet, dass der ganze Felsen mit ihm fliegt.
KV 23 Aufgabe 1: *(Mögliche Antwort:)* Die Kinder wollen wissen, wie es in einem Museum ist. Sie wollen Tizians Geheimnis lüften.
Aufgabe 2: Ein Unikat ist ein einmalig gestaltetes Kunstwerk.
Aufgabe 3: *(Mögliche Antwort:)* Tizians Vater beachtet Kevin und erklärt an seinem Beispiel, was ein Unikat ist. Das macht ihn stolz und neugierig.
Aufgabe 4: *z. B.*: Sackhüpfen, Bockspringen, Tauziehen, Verkleiden, Würfeln, Fangen, Stelzen laufen, Blinde Kuh, Jonglieren, Balancieren etc.
Aufgabe 5: *z. B.*: Reifen schlagen. Die Reifen werden mit einem Stöckchen zum Rollen gebracht und dürfen nicht umfallen. Man muss hinter dem Reifen her rennen und ihn immer wieder mit dem Stock antreiben.
Aufgabe 6: *(Mögliche Antwort:)* Die Mädchen haben lange Röcke an, oft mit Schürzen. Sie haben Kopftücher oder Hauben auf. Die Jungen tragen lange Jacken oder kleiderähnliche Kittel und oft Mützen auf dem Kopf. Die Stoffe sind nicht gemustert und die Farben leuchten nicht.
KV 25 Aufgabe 1: 4 Jahre, 1253, „Sindbad der Seefahrer"
Aufgabe 2: Tapetenfirma, hässlich, taub, El Perro
Aufgabe 3: hören, Kreis, abstrakt, „Himmelblau"
KV 26 Aufgabe 1: beim Finanzamt, im Louvre-Museum, naive Malerei
Aufgabe 2: in der Küche, einen Spitz, Surrealist, Mond
Aufgabe 3: der Ältere, Antwerpen, Gutenberg, „Das Schlaraffenland"
KV 27 Aufgabe 1: *(Mögliche Antwort:)* Er kann in Gemälde hineinsteigen und dort Abenteuer erleben.
Aufgabe 2: *(Mögliche Antwort:)* Tizian ist schüchtern und still und möchte nicht gern bemerkt werden. Es wäre ihm peinlich, im Mittelpunkt zu stehen.
Aufgabe 3: *(Mögliche Antwort:)* Kevin ist sein Feind. Er war bisher der beste Aufsatzschreiber und stellt Tizian nun nach. Er hat Angst, seinen Posten als bester Aufsatzschreiber zu verlieren.
Aufgabe 4: *(Mögliche Antwort:)* Tizian und Kevin verändern sich. Tizian ist anfangs schüchtern und still. Er wird selbstbewusst und nimmt am Klassengeschehen aktiv teil. Kevin ärgert Tizian aus Eifersucht und stellt ihm nach. Er lernt, dass er Tizian nicht fürchten muss.
KV 30 Aufgabe 1: Wörter, wie sie nacheinander in den Lückentext eingefügt werden müssen: Ticiano Vecellio, Venedig, Meister, neun, Werkstatt, Pest, Gemälde, signierte, Kleidung, 1511, Seidenstoff

Wissenswertes:

- Das Bild „Sindbad der Seefahrer" von Paul Klee befindet sich in der Tate Modern (Gemäldegalerie) in London.
- „El Perro" – der Hund, den Francisco di Goya gemalt hat, hängt im Prado Museum in Madrid.
- Das Bild „Himmelblau" von Wassily Kandinsky gibt es im „Centre Pompidou" in Paris zu entdecken.
- Das Gemälde „Urwaldlandschaft mit untergehender Sonne" von Henri Rousseau befindet sich im Kunstmuseum in Basel.
- Das Bild „Das Pyrenäenschloss" von René Magritte ist im Israelischen Museum in Jerusalem ausgestellt.
- Das Werk „Kinderspiele" von Pieter Bruegel d. Ä. ist im Kunsthistorischen Museum in Wien im Original zu sehen.
- Wenn man alle Bilder bewundern oder auch in sie hineinschlüpfen will, muss man eine ganz große Reise über London, Madrid, Paris, Basel, Jerusalem und Wien machen. Sicherlich gibt es aber auch im Museum um die Ecke ganz tolle Werke zum Anschauen und Hineinschlüpfen.